Die Pfalz-Safari

Kleiner Guide
für
St. Martin & Umgebung

Astrid + Frank W. Kallweit

„Der Gute Schluck"

Für Freunde
&
Genießer

1. Auflage

ISBN 9783751996525

Alle Rechte beim Herausgeber
© 2020 Astrid & Frank W. Kallweit

Menden (Sauerland)
Herstellung und Verlag:
BoD – Books on Demand, Norderstedt

September 2020

Vorwort

Nicht erst seit Corona-Zeiten wissen wir, dass auch viele Regionen in Deutschland reizvoll sind.

Damit beim nächsten Urlaub in der Pfalz keine Langeweile aufkommt, haben wir ein kleines Pfalzprogramm unter dem Motto «Autofrei durch die Pfalz" zusammengestellt. Wir wünschen bei der Umsetzung der Vorschläge viel Spaß. Übrigens, alle Aktivitäten wurden von uns ausführlich in jahrelanger Recherchearbeit getestet.

Vor dem Start haben wir noch ein paar wichtige Hinweise:

1. Eine Woche St. Martin ist für diese Pläne nicht genug. Bitte vor dem Start eine Verlängerungswoche buchen.

2. Die einzelnen Tage müssen nicht zwingend nacheinander «abgearbeitet" werden. Eine individuelle Reihenfolge reduziert nicht den Erholungs- oder Spaßeffekt. Es ist durchaus möglich, Ruhetage zwischendurch einzulegen oder die Aktivitäten auf zwei Urlaube zu verteilen.

3. Zwei bis drei Wochen vor der Abreise sollte dringend ein Tisch beim «Wirtshaus im Wolsel" bestellt werden.

Infos: **www.wolsel.de**

4. Vor jeder Wanderung sollten die Öffnungszeiten der Hütten und Gaststätten überprüft werden. Gegebenenfalls sollte die Wanderung auf den nächsten Tag verschoben werden.

5. Abends sollte immer ausreichend Wein getrunken werden. Dann läuft es sich am nächsten Tag wie von selbst.

**SO,
BITTE ANSCHNALLEN,
ES GEHT LOS.**

Tag 1: Anreisetag
-gemütlich-

- Fahrt aus der Heimat nach Kaiserslautern
- Besichtigung des Japanischen Gartens
  Infos unter:
  www.japanischergarten.de
- Weiterfahrt nach St. Martin
- Bezug der Unterkunft
- Abends: Essen im Kirchstübel

Tag 2: Wein und mehr
-sehr gemütlich-

- Kurzer Spaziergang durch die Weinberge nach Maikammer
- Weinprobe im Weingut Faubel,
  Infos unter:
  www.weingut-faubel.de
- Rückweg über Alsterweiler
- Kleiner Abstecher zur Klausentalhütte (Einkehrmöglichkeit)
- Besondere Empfehlung: Bei der Rückkehr in St. Martin ein Glas Wein im Innenhof des Aloisiushofs

Tag 3: Stadtleben
-je nach Lust und Laune-

- Wanderung nach Neustadt (Wanderweg Deutsche Weinstraße)
- Einkehr: Das Esszimmer; Hintergasse
  Infos unter: **www.esszimmer-neustadt.de**
- Gastronomie, auch regionale Küche, rund um die Hintergasse
- Liebevoll restaurierte Fachwerkhäuser, idyllische Innenhöfe, historische Altstadt
- Rückweg je nach Lust und Laune zu Fuß oder mit der Linie 500 oder 501

Tag 4: Auf zur Burg
-sportlich-

- Von St. Martin durch die Weinberge bis ins Edenkobener Tal
- Aufstieg zur Ludwigshöhe
- Wunderbaren Blick über die Weinberge nach Rhodt unter Riedburg genießen!
- Nun wird es steil: Aufstieg zur Riedburg (Markierung: blaugelber Balken, roter Punkt)
- Hinter der Riedburg am Wildgehege vorbei, dem roten Punkt folgen zur Edenkobener Hütte am Hüttenbrunn (Einkehrmöglichkeit)
- Rückweg wie bei der Wanderung «Ochsentour"

- Am Ziel in Zappels Eisdiele einen herrlichen Eiskaffee genießen

Tag 5: Auf dem Mandelring
-einfach-

- Mit der Linie 500 oder 501 nach Neustadt
- Wanderung nach Deidesheim (Wanderweg Deutsche Weinstraße)
- Von Neustadt Haardt aus über Gimmeldingen und Königsbach
- Einkehr: Zum Weinberg, Königsgartenstraße 15, 67146 Deidesheim
  (Hier treffen sich die Einheimischen zum Mittagessen bei Uschi und Uwe.)
  Infos unter: **www.zum-weinberg-deidesheim.de**

- Wanderung zurück nach Neu-stadt
- Von Neustadt zurück zu Fuß oder mit der Linie 500 oder 501

Tag 6: Ochsentour
-einfach-

- Von der Totenkopfstraße über eine kleine, steile Treppe auf einen asphaltierten Weg (Weg führt auf die Zufahrtsstraße zum Hotel am Weinberg)
- Überquerung der Totenkopfstraße oberhalb von St. Martin
- Am Campingplatz und dem Gasthaus Wappenschmiede vorbei durch einen kleinen Waldweg über eine Brücke
- Den breiten Weg überqueren, dann Richtung Kropsburg (roter Punkt)
- Ab Kropsburg Richtung Edenkobener Hütte am

Hüttenbrunn (roter Balken und roter Punkt)

- Straße aus Edenkoben überqueren, dann am Bach entlang nach rechts Richtung Hüttenbrunn (roter Punkt)
- Einkehrmöglichkeit in der Edenkobener Hütte / Am Hüttenbrunn
- Auf der anderen Seite der Hütte steiler Anstieg (blauweißer Balken)
- Dann über einen schmalen Pfad am Berg entlang (Achtung: Einstieg nicht verpassen!) zur Hesselbachhütte (St. Martiner Hütte)
- Hinter der Hesselbachhütte führen zwei Wege abwärts durch das Gehege der Auerochsen,

den ersten Weg nehmen (breit, grasbewachsen) - sehr schön!

- Am unteren Ende liegt die Weide (Mit ein wenig Glück: friedlich grasende Herde direkt am Weg)
- Einkehr in die Grillhütte St. Martin
- Empfehlung: Auerochsenwurst mit Pommes
- Rückweg nach St. Martin

Tag 7: Zum Weinbiet
-je nach Lust und Laune von gemütlich bis sehr sportlich-

- Wanderung nach Neustadt
- Je nach Lust und Laune Fahrt mit der Linie 500 oder 501
- Wanderung von Neustadt zum Weinbiet (roter Punkt über Ruine Wolfsburg)
- Einkehr im Weinbiethaus
- Rückweg nach Neustadt (blauer Punkt)
- Wanderung nach St. Martin oder Fahrt mit dem Bus zurück

Tag 8: Auf den Gipfel
- Der Kalmit
-herausfordernd-

- Wanderweg Deutsche Weinstraße Richtung Neustadt
- Am Schützenhaus dem grünweißen Balken folgen bis Kalmit
- Einkehrmöglichkeit im Kalmithaus (Ludwigshafener Hütte)
- Richtung Römische Wachstube (grünweißer Balken) über einen wunderschönen Weg durch eine Felslandschaft
- Richtung St. Martin bis Hesselbachhütte (blauweißer Balken), alternativ über Totenkopfhütte (grünweißer Balken) -sehr weit!

- Hinter der Hesselbachhütte gibt es zwei Wege durch das Gehege der Auerochsen, <u>nicht</u> den ersten Weg nehmen (breit, grasbewachsen), sondern den schmalen Weg (durch den Wald)
- Steil bergab zum Rasthaus an den Fichten (Einkehrmöglichkeit)
- Wanderung zurück nach St. Martin (Waldweg entlang der Totenkopfstraße)

Tag 9: Durch die Weinberge in das pfälzische Nizza
-sportlich-

- Von St. Martin aus über das Edenkobener Tal quer durch die Weinberge nach Rhodt unter Riedburg
- Dem Wanderweg Deutsche Weinstraße aufwärts nach Weyer folgen
- Über Burrweiler nach Gleisweiler, dem pfälzischen Nizza
- In Gleisweiler einen Blick in den Garten der Privatklinik werfen
- Einkehrmöglichkeiten im Ort oder auf dem Rückweg in der Burrweiler Mühle nutzen
- Rückkehr nach St. Martin auf demselben Weg

Tag 10: Zum Hambacher Schloss
-historisch-

- Dem Wanderweg Deutsche Weinstraße folgen, bis zum oberen Rand von Deidesfeld
- Auf steilem Pfad bis zum Hambacher Schloss
- Einkehrmöglichkeit am Schloss
- Auf dem Rückweg Einkehrmöglichkeit in Diedesfeld in kleinem Bistro (direkt am Wanderweg)
- Nachmittags: Weinprobe im Weingut Ziegler in St. Martin

Tag 11: Quellweg
-herausfordernd-

- Von der Totenkopfstraße über eine kleine, steile Treppe auf einen asphaltierten Weg (Weg führt auf die Zufahrtsstraße zum Hotel am Weinberg)
- Überquerung der Totenkopfstraße oberhalb von St. Martin
- Am Campingplatz und dem Gasthaus Wappenschmiede vorbei durch einen kleinen Waldweg über eine Brücke
- Dem breiten Weg nach rechts folgen zum Haus an den Fichten
- Durch das Gehege der Auerochsen bis zur St. Martiner Hütte / Hesselbachhütte

- Richtung St. Martiner Fronbaum (grünweißer Balken)
- Rundweg Quellweg folgen (bis
  zum St. Martiner Fronbaum
  zurück)
- Auf demselben Weg zurück
  nach St. Martin
- Einkehrmöglichkeiten am An-
  fang und am Ende im Haus an
  den Fichten oder in der Wappenschmiede

Tag 12: Auf nach Weyher -gemütlich-

- Von St. Martin aus über das Edenkobener Tal quer durch die Weinberge nach Rhodt unter Riedburg
- Idyllischer Weinort, herrlicher Blick auf die Ludwigshöhe
- Oberhalb des Ortes auf dem Wanderweg Deutsche Weinstraße durch die Weinberge bis Weyher
- Am Ortsrand in der Straße Spring auf der Bank den wunderbaren Panoramablick über Rheinebene genießen
- Weiter Weinwanderweg Deutsche Weinstraße bis zur nächsten Kreuzung, diesen dann nach rechts verlassen und der Straße Oberdorf

zurück Richtung St. Martin folgen
- Nach der Wohnbebauung wird ein Waldstück durchquert
- Einkehr: Rietania-Waldgast-stätte
Info unter: **www.rietania-rhodt.de**
- Die Markierung »Roter Balken" führt zurück nach St. Martin
- Nachmittags Weinprobe im Aloisiushof

Tag 13: Zum Hohe-Loog-Haus
-anstrengend-

- Wanderweg Deutsche Weinstraße Richtung Neustadt
- Nach dem Abzweig Alsterweiler links Richtung Klausentalhütte (blauer Punkt)
- Später rechts (roter Punkt) bis zum Hohe-Loog-Haus (Einkehrmöglichkeit)
- Roten Punkt weiter Richtung Neustadt folgen
- Später dem Weg rechts Richtung Hambacher Schloss (Einkehrmöglichkeit) folgen
- Über Hambacher Schloss zurück nach St. Martin
- Abends Einkehr im Castell, Weinmenü genießen, Info unter: www.martinercastell.de

Tag 14: Lavendel und Genuss
-gemütlich-

- Spaziergang durch die Wein-
  berge bis Edenkoben zum
  Kräutergarten Klostermühle,
  Infos: **www.kraeutergarten-
  klostermuehle.de**
- Zurück auf demselben Weg
- Abends Einkehr im Weinhäusel,
  Info unter:
  www.weinhaeusel.com
  (Tischreservierung empfohlen)

Tag 15: Wirtshaus im Wolsel
-herausfordernd-

- Den Tag entspannt verbringen und die Kräfte für den Abend schonen
- Auf Alkohol tagsüber verzichten
- Gegen 18:00 h kleiner Spaziergang zum Gasthaus im Wolsel
- Genuss des wunderbaren Menüs inklusive Wein und Aperitif (Achtung: Den vollen Genuss hat man nur, wenn man den Wirt so nimmt, wie er eben ist. Sonderwünsche sind nicht erwünscht!)
- Gegen 01:00 h morgens wankt Mann/Frau zurück nach St. Martin.
- Am nächsten Tag wird ausgeschlafen

Die besten Vergrößerungsgläser
für die Freuden dieser Welt sind
jene, aus denen man trinkt.

Joachim Ringelnatz

Der beste Wein
ist der,
den wir
mit Freunden
trinken.

**Viel Spaß wünschen wir auch
bei unseren Weinkrimis**

Astrid Kallweit & Frank W. Kallweit

Information unter
**www.kallweitskrimis.jimdo.com
www.fb.com/KallweitsWeinkrimis**

Nachrichten senden an:
Mail@KallweitsKrimis.de

Unser erster Band mit Weinkrimis:
MordsAbgang / ISBN 978-3-935500-27-2
Preis 8,99 € / Verlag Wortspiel Literatur e.V.

Unser zweiter Band mit Weinkrimis:
MordsAbgang Blutrot / ISBN 978-3-935500-38-8
Preis 9,90 € / Verlag Wortspiel Literatur e.V.